Trading de Oro

Madelyn Price

Madelyn Price

Página de Derechos de Autor

Titular de los Derechos de Autor: © 2024, Andrea Jimenez
Año: 2024
Autor: © 2024, Madelyn Price

Datos Legales y de Derechos de Autor

Indice

Introducción al Mercado del Oro   7

Las Dinámicas del Precio del Oro   13

Cómo Invertir en Oro Físico   20

Trading con Oro en el Mercado de Futuros   27

Operar Oro a Través de ETFs y Fondos   35

Trading de Oro en el Mercado Forex   43

El Papel del Oro en Cartera Diversificada   52

Análisis Técnico para el Trading de Oro   61

Análisis Fundamental del Mercado del Oro   71

El Impacto de los Bancos Centrales en el Precio del Oro   80

Trading de Oro Durante Crisis Económicas   89

El Efecto de la Geopolítica en el Mercado del Oro   98

Secretos del Trading de Oro para el Éxito   107

Cómo Hacerte Rico con el Trading de Oro   116

Introducción al Mercado del Oro

El oro ha sido considerado uno de los activos más valiosos y confiables a lo largo de la historia. Desde las antiguas civilizaciones hasta el mundo moderno, este metal precioso ha capturado la imaginación de la humanidad, no solo por su belleza, sino también por su capacidad para conservar valor. A lo largo de los siglos, el oro ha jugado un papel fundamental en la economía mundial. Durante siglos, fue utilizado como moneda de intercambio y hoy sigue siendo un refugio seguro para inversores en tiempos de incertidumbre económica.

La razón principal por la que el oro es tan importante se debe a su estabilidad. A diferencia de otras formas de inversión, como acciones o bienes raíces, el oro no depende de los resultados de una empresa o la economía de un país en particular. El oro tiene un valor intrínseco que ha demostrado ser resiliente frente a las fluctuaciones económicas. Esto significa que, cuando los mercados financieros caen o las economías enfrentan dificultades, muchas personas recurren al oro para proteger su dinero. Es común escuchar que cuando hay una crisis, los inversores "corren hacia el oro", y es justamente por esta razón: es un activo que, a lo largo del tiempo, ha mantenido su valor incluso en los peores momentos.

Uno de los aspectos más interesantes del mercado del oro es cómo su precio fluctúa. Aunque a primera vista pueda parecer que el oro siempre tiene el mismo valor, la realidad es que su precio cambia diariamente, influenciado por múltiples factores. La inflación, por ejemplo, es uno de los principales motivos por los que el oro puede subir de precio. Cuando el dinero pierde valor debido a la inflación, el oro tiende a apreciarse, ya que la gente lo percibe como una forma más segura de almacenar riqueza. Además, las decisiones de los gobiernos y los bancos centrales también tienen un impacto importante. Si los bancos centrales deciden comprar más oro para sus reservas, esto puede hacer que el precio suba debido al aumento de la demanda.

Otro aspecto clave del oro es su capacidad para resistir la depreciación. A diferencia del dinero en efectivo o de las monedas, que pueden perder valor rápidamente debido a la inflación o a las políticas económicas, el oro ha mantenido su valor a lo largo de los siglos. Incluso en momentos de hiperinflación o crisis monetarias, el oro sigue siendo una fuente confiable de riqueza. Esto lo convierte en una opción atractiva no solo para los grandes inversores, sino también para las personas comunes que buscan proteger su patrimonio.

A lo largo de la historia, el oro ha sido un símbolo de poder y riqueza. Las civilizaciones antiguas, como los egipcios, los griegos y los romanos, utilizaron el oro en sus monedas y joyas, reconociendo su durabilidad y rareza. En tiempos más recientes, durante los siglos XIX y XX, el oro fue la base del sistema monetario conocido como patrón oro, donde el valor del dinero estaba respaldado directamente por reservas de oro. Aunque hoy en día este sistema ya no se utiliza, el oro sigue siendo un elemento clave en las finanzas globales.

Hoy en día, el mercado del oro es global y abarca muchas formas de inversión. No solo es posible comprar oro físico, como lingotes o monedas, sino que también se puede invertir en oro a través de mercados financieros, como los futuros o los fondos cotizados en bolsa (ETFs). Esto ha facilitado que más personas puedan acceder al mercado del oro sin necesidad de poseer el metal físico. Sin embargo, incluso con estos avances, el oro sigue siendo visto por muchos como la opción más segura en tiempos de inestabilidad económica.

Una de las razones por las que el oro tiene tanta importancia en el mundo moderno es su carácter de refugio seguro. Cuando los mercados de acciones caen o las economías enfrentan turbulencias, los inversores tienden a vender sus acciones y comprar oro. Este fenómeno ha sido evidente en varias crisis económicas recientes, como la crisis financiera de 2008 o la incertidumbre generada por la pandemia de 2020. En ambos casos, el precio del oro aumentó significativamente, ya que los inversores buscaban proteger su dinero frente a la volatilidad de otros activos.

El oro también tiene una relación única con las monedas y las tasas de interés. En general, cuando las tasas de interés son bajas, el precio del oro tiende a subir. Esto se debe a que los inversores ven menos atractivo mantener su dinero en depósitos o bonos que ofrecen bajos rendimientos, por lo que prefieren invertir en oro. Al mismo tiempo, cuando una moneda se devalúa, como ha ocurrido en algunos países en desarrollo, el oro se vuelve más valioso en términos de esa moneda.

En resumen, el mercado del oro es fascinante y complejo. Aunque parece ser un metal simple, sus implicaciones para la economía y las finanzas globales son enormes. El oro no solo ha sido un símbolo de riqueza durante miles de años, sino que también continúa siendo una herramienta vital para los inversores que buscan estabilidad y protección frente a los altibajos del mundo financiero. Entender cómo funciona este mercado y por qué el oro es tan valioso es el primer paso para convertirse en un trader exitoso en este apasionante mundo.

Las Dinámicas del Precio del Oro

El precio del oro es como un espejo que refleja lo que sucede en el mundo. Aunque muchas veces parece que el oro siempre tiene el mismo valor, la realidad es que su precio cambia constantemente. Estos cambios en el precio están influenciados por una variedad de factores, algunos más predecibles que otros, y entender estas dinámicas es clave para cualquiera que quiera operar en el mercado del oro. A lo largo de este capítulo, vamos a explorar cómo y por qué el precio del oro sube o baja, y cómo los traders pueden aprovechar estos movimientos a su favor.

Uno de los principales factores que afecta al precio del oro es la inflación. La inflación es básicamente cuando el costo de las cosas sube y el dinero pierde poder adquisitivo. En momentos en que la inflación es alta, el oro tiende a subir de precio. Esto sucede porque las personas buscan una manera de proteger su dinero, ya que lo que podían comprar con un billete hace un año ahora cuesta más, pero el valor del oro se mantiene firme. En esos momentos, muchos inversores ven al oro como una forma de almacenar riqueza sin que pierda valor. Por ejemplo, si tienes un lingote de oro, no importa cuán alta sea la inflación, ese oro conservará su valor y probablemente incluso se revalorizará con el tiempo.

Otro factor que tiene un impacto importante en el precio del oro es la oferta y demanda. Como cualquier otro producto, cuando hay más demanda que oferta, el precio sube. Esto puede suceder, por ejemplo, cuando los bancos centrales deciden comprar grandes cantidades de oro para sus reservas. Estos movimientos a menudo hacen que el precio del oro suba, porque al haber menos oro disponible en el mercado, el que queda se vuelve más valioso. También puede ocurrir que la producción de oro en las minas se vea afectada por problemas como huelgas o desastres naturales. Si de repente se produce menos oro, la oferta disminuye y los precios suben.

La geopolítica también juega un papel importante en las dinámicas del precio del oro. En momentos de tensión política, como guerras o conflictos entre países, el oro tiende a subir. Esto se debe a que el oro es visto como un refugio seguro en tiempos de incertidumbre. Cuando el futuro parece incierto, muchos inversores prefieren tener su dinero en algo tan sólido y duradero como el oro en lugar de arriesgarlo en acciones o monedas que podrían perder valor debido a la inestabilidad política. Un claro ejemplo de esto fue durante la crisis financiera global de 2008, cuando el precio del oro alcanzó niveles históricos porque la gente buscaba proteger su dinero en medio del caos económico.

Las tasas de interés también tienen una relación muy interesante con el precio del oro. Generalmente, cuando las tasas de interés son bajas, el precio del oro tiende a subir. Esto ocurre porque los inversores no ven atractivo dejar su dinero en cuentas de ahorro o bonos que ofrecen bajos rendimientos. En cambio, prefieren invertir en oro, que aunque no paga intereses, puede mantener o incluso aumentar su valor con el tiempo. Por otro lado, cuando las tasas de interés suben, el oro puede perder algo de atractivo, ya que los inversores pueden obtener mejores rendimientos en otros activos. Sin embargo, esto no siempre es tan simple, ya que otros factores pueden contrarrestar este efecto.

La moneda en la que se negocia el oro también tiene un impacto importante en su precio. El oro se cotiza principalmente en dólares estadounidenses, lo que significa que cuando el dólar se fortalece, el oro tiende a bajar de precio. Esto se debe a que, cuando el dólar es más fuerte, se necesita menos dinero para comprar la misma cantidad de oro. En cambio, cuando el dólar se debilita, el precio del oro sube, porque se necesita más dinero para adquirirlo. Esta relación inversa entre el dólar y el oro es algo que los traders deben tener muy en cuenta al analizar el mercado.

Otro factor que no se puede ignorar es la especulación. Muchos traders y fondos de inversión compran y venden oro no necesariamente porque lo necesiten como activo de refugio, sino para obtener ganancias a corto plazo. Estos especuladores a menudo compran oro cuando creen que el precio va a subir y lo venden rápidamente cuando sienten que han obtenido suficiente ganancia. Este tipo de actividad puede causar grandes fluctuaciones en el precio del oro, a veces sin una razón económica clara detrás. El comportamiento de los especuladores puede generar picos repentinos en el precio del oro, lo que a su vez atrae a más inversores y crea un ciclo de alta volatilidad.

La tecnología también tiene un papel, aunque menos conocido, en las dinámicas del precio del oro. En las últimas décadas, el oro se ha utilizado cada vez más en dispositivos electrónicos, como teléfonos móviles y computadoras, debido a su excelente capacidad para conducir electricidad. Aunque la cantidad de oro utilizada en cada dispositivo es pequeña, la creciente demanda global de tecnología también ha incrementado la demanda de oro en la industria. Esto significa que cuando la industria tecnológica crece, la demanda de oro aumenta, lo que puede empujar los precios al alza.

Finalmente, es importante mencionar que el mercado del oro es global, lo que significa que lo que ocurre en una parte del mundo puede afectar su precio en otra. Por ejemplo, si en un país productor de oro ocurre una crisis o un cambio en las leyes que afecta la minería, esto puede hacer que el precio del oro suba a nivel mundial. Lo mismo ocurre con la demanda: si en China o India, donde el oro es muy valorado culturalmente, aumenta la demanda, esto puede hacer que los precios suban en los mercados internacionales.

En resumen, el precio del oro está en constante cambio y es influenciado por una serie de factores, desde la inflación hasta las decisiones de los bancos centrales, pasando por la política y las tasas de interés. Entender estas dinámicas te permite anticipar movimientos en el mercado y aprovechar las oportunidades que surgen. Aunque el oro es un activo estable a largo plazo, las fluctuaciones en su precio pueden ofrecer grandes oportunidades para aquellos que sepan leer las señales correctas y actuar en el momento adecuado.

Cómo Invertir en Oro Físico

Invertir en oro físico es una de las formas más tradicionales y sencillas de adentrarse en el mercado del oro. A lo largo de la historia, la gente ha adquirido oro en forma de lingotes, monedas o incluso joyería para proteger su riqueza. Hoy en día, sigue siendo una opción popular, sobre todo para aquellos que prefieren tener algo tangible, algo que puedan ver y tocar. A diferencia de otras formas de inversión, como las acciones o los bonos, el oro físico es un activo que no depende de una empresa o gobierno, y eso le da un valor especial. En este capítulo, exploraremos cómo se puede invertir en oro físico, las diferentes formas de hacerlo, las ventajas y desventajas, y algunos consejos prácticos para sacar el mayor provecho de esta inversión.

Primero, es importante entender que cuando hablamos de invertir en oro físico, nos referimos a la compra de lingotes de oro, monedas de oro o, en algunos casos, joyas de oro. Cada una de estas opciones tiene sus características y ventajas. Los lingotes de oro, por ejemplo, son piezas de oro puro que vienen en diferentes tamaños y pesos. Pueden ser pequeños, como un gramo, o grandes, como un kilogramo o más. La ventaja de los lingotes es que suelen tener un menor costo por gramo en comparación con las monedas o la joyería, lo que los convierte en una opción ideal para quienes buscan maximizar su inversión.

Las monedas de oro, por otro lado, son otra forma popular de invertir en oro físico. Estas monedas, como las famosas Krugerrand sudafricanas o las Águilas Americanas, contienen una cantidad fija de oro y son reconocidas en todo el mundo. Las monedas tienen una ventaja especial: además del valor del oro que contienen, algunas monedas también tienen un valor numismático. Esto significa que, dependiendo de su rareza y estado, pueden valer más que el oro que contienen. Sin embargo, este tipo de monedas suele ser más costoso por gramo de oro en comparación con los lingotes, ya que se paga no solo por el metal, sino también por el diseño, la historia y la demanda de coleccionistas.

La joyería de oro es quizás la forma más antigua de poseer oro físico. A lo largo de la historia, las personas han usado oro en forma de anillos, collares, pulseras y otros adornos. Aunque la joyería puede tener un valor sentimental y estético, no siempre es la mejor forma de invertir en oro. Esto se debe a que el precio de la joyería incluye no solo el costo del oro, sino también el trabajo artesanal y el diseño. Además, muchas piezas de joyería no están hechas de oro puro, sino que contienen una mezcla de otros metales para hacerlas más duraderas. Por esta razón, si tu principal objetivo es invertir en oro, los lingotes o las monedas suelen ser opciones más rentables.

Una de las principales ventajas de invertir en oro físico es que tienes algo tangible. Puedes tenerlo en tus manos, guardarlo en una caja fuerte y sentir la seguridad de que posees un activo que ha mantenido su valor durante miles de años. No importa lo que pase en los mercados financieros o en la economía global, tu oro siempre estará ahí. Esta sensación de seguridad es una de las razones por las que muchas personas eligen invertir en oro físico en lugar de optar por inversiones más abstractas como las acciones o los fondos de inversión.

Sin embargo, también hay algunas desventajas a considerar al invertir en oro físico. La primera y más obvia es el almacenamiento. A diferencia de las inversiones digitales, el oro físico ocupa espacio y debe ser almacenado de manera segura. Esto puede significar tener que comprar una caja fuerte para tu hogar o alquilar una caja de seguridad en un banco. En ambos casos, hay un costo asociado al almacenamiento del oro que debes tener en cuenta. Además, hay que considerar la seguridad. Tener oro físico en casa puede ser un riesgo, especialmente si no se toman las medidas necesarias para protegerlo.

Otro aspecto importante es que, aunque el oro físico es una excelente reserva de valor a largo plazo, no genera ningún tipo de rendimiento. A diferencia de las acciones o los bonos, que pueden generar dividendos o intereses, el oro físico simplemente se mantiene allí, esperando que su valor suba con el tiempo. Esto significa que, si bien es una inversión estable, no ofrece los mismos beneficios que otros tipos de inversiones que pueden generar ingresos pasivos. Sin embargo, para muchas personas, esta estabilidad y seguridad es más que suficiente para justificar la inversión.

Cuando se trata de comprar oro físico, es fundamental asegurarse de que lo estás haciendo a través de un vendedor de confianza. El mercado del oro, al ser tan valioso, puede atraer a estafadores que intentan vender oro de baja calidad o incluso falsificaciones. Por eso, es recomendable investigar bien antes de hacer una compra y asegurarse de que el vendedor tiene una buena reputación. Además, siempre es buena idea solicitar certificaciones que demuestren la autenticidad y pureza del oro que estás comprando. Los lingotes y monedas de oro suelen venir con estas certificaciones, lo que te da tranquilidad de que estás obteniendo lo que pagas.

Otra cosa que debes considerar es el precio del oro en el momento de la compra. El precio del oro fluctúa a diario, y aunque siempre es difícil predecir exactamente cuándo es el mejor momento para comprar, es buena idea estar al tanto de las tendencias del mercado. Si notas que el precio del oro ha estado bajando, tal vez sea un buen momento para comprar, mientras que si el precio está en un pico alto, podrías considerar esperar un poco a que baje. La paciencia es clave cuando se trata de invertir en oro físico, ya que a menudo es más beneficioso mantenerlo a largo plazo en lugar de buscar ganancias rápidas.

En resumen, invertir en oro físico es una de las formas más antiguas y seguras de proteger tu riqueza. Ya sea en forma de lingotes, monedas o incluso joyería, el oro ofrece una estabilidad que pocas otras inversiones pueden igualar. Sin embargo, es importante tener en cuenta los costos de almacenamiento, la seguridad y el hecho de que no genera rendimientos por sí mismo. Si decides invertir en oro físico, asegúrate de hacerlo de manera informada, comprando a través de vendedores confiables y manteniéndote al tanto de las fluctuaciones en el precio. Con la estrategia adecuada, el oro físico puede ser una excelente adición a tu cartera de inversiones a largo plazo.

Trading con Oro en el Mercado de Futuros

El trading con oro en el mercado de futuros es una de las formas más emocionantes y potencialmente lucrativas de invertir en este metal precioso. A diferencia de comprar oro físico, que implica poseer lingotes o monedas, operar con futuros te permite especular sobre el precio del oro sin tener que almacenarlo. El mercado de futuros es ideal para aquellos que buscan aprovechar las fluctuaciones del precio del oro a corto plazo y que están dispuestos a asumir más riesgos. Sin embargo, para hacerlo bien, es esencial entender cómo funciona este tipo de trading, qué son los contratos de futuros y qué factores afectan su éxito.

Primero, es importante entender qué es un contrato de futuros. Un contrato de futuros es básicamente un acuerdo para comprar o vender un activo, en este caso, oro, en una fecha futura a un precio acordado hoy. Por ejemplo, podrías firmar un contrato para comprar 100 onzas de oro dentro de tres meses por un precio fijado en el momento de la firma. No significa que realmente vayas a recibir 100 onzas de oro, sino que estás apostando a que el precio del oro subirá o bajará durante ese tiempo. Si el precio sube por encima del valor que acordaste, puedes vender tu contrato antes de la fecha de vencimiento y obtener una ganancia. Si el precio baja, podrías perder dinero.

Uno de los aspectos más atractivos del mercado de futuros es el apalancamiento. Cuando compras un contrato de futuros de oro, no tienes que pagar el valor total del oro que estás comprando. En su lugar, solo necesitas depositar un pequeño porcentaje del valor total, conocido como "margen". Esto te permite controlar una gran cantidad de oro con una inversión relativamente pequeña. Por ejemplo, si el precio del oro es de 1,800 dólares por onza y compras un contrato que representa 100 onzas, estarías controlando un valor de 180,000 dólares en oro. Pero gracias al apalancamiento, solo necesitarías pagar una fracción de eso, digamos 10,000 dólares. Si el precio del oro sube 10 dólares por onza, podrías ganar 1,000 dólares con esa pequeña inversión inicial.

El apalancamiento es un arma de doble filo. Si el precio del oro se mueve en la dirección que esperabas, las ganancias pueden ser enormes.

Pero si el precio va en la dirección contraria, las pérdidas también pueden ser significativas. Este es uno de los principales riesgos del trading con futuros de oro. A diferencia de comprar oro físico, donde puedes simplemente mantener el oro hasta que su valor aumente, en el mercado de futuros estás limitado por el tiempo. Cada contrato tiene una fecha de vencimiento, y si las cosas no van como esperabas, podrías verte obligado a vender a pérdida antes de que el contrato expire. Por eso, el trading con futuros de oro no es adecuado para todos; requiere una sólida comprensión del mercado, una estrategia clara y la capacidad de gestionar riesgos.

Otra característica interesante del trading con futuros de oro es que puedes ganar dinero tanto cuando el precio sube como cuando baja. Si crees que el precio del oro va a subir, puedes "comprar" un contrato de futuros, lo que se conoce como "ir en largo". Si tienes razón y el precio sube, podrás vender el contrato a un precio más alto y obtener ganancias. Pero si crees que el precio del oro va a bajar, puedes "vender" un contrato de futuros, lo que se llama "ir en corto". En este caso, si el precio del oro baja, podrás recomprar el contrato a un precio más bajo y quedarte con la diferencia. Esta flexibilidad hace que el mercado de futuros sea atractivo tanto en mercados alcistas como bajistas.

El trading de futuros de oro también es influenciado por muchos de los mismos factores que afectan el precio del oro en general. La inflación, las tasas de interés, la geopolítica y la fortaleza del dólar son todos factores que pueden hacer que el precio del oro suba o baje. Por ejemplo, si los inversores temen que la inflación esté por aumentar, podrían empezar a comprar oro, lo que elevaría su precio. Si el dólar estadounidense se debilita frente a otras monedas, el precio del oro podría aumentar, ya que se necesita más dinero para comprar la misma cantidad de oro. Como trader, es fundamental estar al tanto de estas noticias y tendencias para tomar decisiones informadas.

El mercado de futuros también es altamente influenciado por los grandes actores financieros, como los bancos, los fondos de cobertura y los traders profesionales. Estos grandes participantes a menudo tienen acceso a información y análisis avanzados que pueden ayudarles a prever los movimientos del mercado antes que los inversores pequeños. Esto puede hacer que el mercado de futuros sea más volátil y que los precios se muevan rápidamente en respuesta a nuevas informaciones o decisiones de estos actores. Para los traders individuales, esto puede ser una oportunidad de obtener ganancias si están atentos y rápidos para reaccionar, pero también puede ser un riesgo, ya que los movimientos repentinos del mercado pueden generar grandes pérdidas.

El uso de herramientas de análisis técnico es crucial en el trading con futuros de oro. A diferencia de quienes compran oro físico a largo plazo, los traders de futuros a menudo se basan en gráficos y patrones para prever los movimientos a corto plazo del precio del oro. Los gráficos de precios históricos, los niveles de soporte y resistencia, y los indicadores como las medias móviles son herramientas que pueden ayudar a identificar oportunidades de compra o venta. Este enfoque técnico es importante porque el mercado de futuros de oro suele moverse rápidamente y en intervalos cortos de tiempo, lo que significa que las decisiones deben tomarse basándose en datos concretos y no solo en intuiciones.

Es esencial contar con una estrategia de gestión de riesgos sólida cuando se opera con futuros de oro. El apalancamiento y la volatilidad pueden generar grandes ganancias, pero también pueden llevar a pérdidas considerables. Una de las formas de gestionar este riesgo es utilizando órdenes de "stop-loss", que te permiten limitar tus pérdidas. Por ejemplo, si compras un contrato de futuros y el precio del oro empieza a bajar, una orden de stop-loss venderá automáticamente tu contrato cuando el precio llegue a un nivel predeterminado, limitando tus pérdidas. Del mismo modo, también puedes establecer "take-profits" para asegurar tus ganancias cuando el precio alcance un cierto nivel.

En resumen, el trading con oro en el mercado de futuros es una forma avanzada de inversión que puede ofrecer grandes oportunidades, pero también conlleva riesgos significativos. Con los futuros de oro, puedes aprovechar el apalancamiento para controlar grandes cantidades de oro con una inversión relativamente pequeña, y puedes ganar dinero tanto si el precio del oro sube como si baja. Sin embargo, la volatilidad del mercado y el riesgo de apalancamiento requieren una estrategia cuidadosa y una buena comprensión de cómo funciona el mercado. Para aquellos que están dispuestos a aprender y gestionar estos riesgos, el mercado de futuros de oro puede ser una herramienta poderosa para generar riqueza.

Operar Oro a Través de ETFs y Fondos

Operar oro a través de ETFs y fondos es una manera popular y accesible de invertir en el mercado del oro sin tener que comprar el metal físico o lidiar con la complejidad de los futuros. Los ETFs, o fondos cotizados en bolsa, y los fondos de inversión te permiten participar en los movimientos del precio del oro de una manera más sencilla y cómoda. A través de estos instrumentos financieros, puedes exponerte al oro como activo sin la necesidad de almacenar lingotes o monedas, y sin tener que preocuparte por los desafíos logísticos que conlleva invertir directamente en oro físico. Este enfoque tiene una serie de ventajas, como la facilidad de compra y venta, la diversificación y la accesibilidad para todo tipo de inversores.

Primero, es importante entender qué es un ETF. Un ETF de oro es un fondo cotizado en bolsa que rastrea el precio del oro, lo que significa que su valor está vinculado directamente al precio del oro en el mercado. Estos fondos suelen estar respaldados por oro físico, lo que quiere decir que el fondo posee oro real en bóvedas para respaldar cada acción del ETF que se vende a los inversores. Al comprar acciones de un ETF de oro, no estás comprando lingotes o monedas, sino que estás comprando una participación en un fondo que posee oro. Esta es una de las maneras más sencillas y asequibles de invertir en oro, ya que puedes comprar y vender acciones del ETF en cualquier momento durante el horario del mercado, como si estuvieras comprando acciones de una empresa.

Una de las principales ventajas de operar oro a través de ETFs es la liquidez. Los ETFs se negocian en las bolsas de valores, lo que significa que puedes comprarlos o venderlos fácilmente durante el horario de mercado. No tienes que preocuparte por encontrar un comprador o vendedor, como podría ocurrir con el oro físico, ni lidiar con intermediarios complicados. Esto te permite ser más flexible en tu estrategia de inversión. Si ves que el precio del oro está subiendo rápidamente, puedes comprar acciones del ETF en ese momento. Si, por el contrario, crees que el precio del oro va a bajar, puedes vender tus acciones y salir de la inversión con la misma facilidad.

Otra gran ventaja es que los ETFs de oro son accesibles para casi cualquier inversor. A diferencia de comprar oro físico, que puede requerir una inversión inicial significativa, los ETFs permiten a los inversores adquirir pequeñas cantidades de oro. Puedes comprar una o varias acciones de un ETF, lo que te permite invertir según tus posibilidades financieras. Esto los convierte en una excelente opción tanto para inversores pequeños como grandes. Además, dado que los ETFs pueden ser comprados a través de cualquier plataforma de corretaje en línea, es muy fácil empezar a operar en ellos.

También es importante mencionar que, aunque los ETFs de oro están respaldados por oro físico, no tienes que preocuparte por el almacenamiento ni por la seguridad. El fondo se encarga de esos aspectos. Esto elimina los costos adicionales de almacenamiento y seguros que suelen acompañar a la compra de oro físico. Además, como los ETFs están regulados y auditados regularmente, puedes estar seguro de que el oro que respalda el fondo realmente está allí. Esto ofrece una tranquilidad adicional, ya que no tienes que preocuparte por la autenticidad o el estado del oro que posees de manera indirecta.

Aparte de los ETFs, otra forma de invertir en oro es a través de fondos de inversión. A diferencia de los ETFs, que se negocian como acciones en bolsa, los fondos de inversión son gestionados por profesionales que compran y venden activos en nombre de los inversores. Existen fondos de inversión especializados en oro, que invierten en una combinación de activos relacionados con el oro, como oro físico, acciones de compañías mineras de oro, o incluso contratos de futuros de oro. La ventaja de estos fondos es que ofrecen una diversificación automática. No estás invirtiendo solo en el precio del oro, sino también en otras áreas de la industria del oro, lo que puede reducir el riesgo si el precio del oro fluctúa mucho.

Los fondos de inversión de oro suelen ser gestionados activamente, lo que significa que los gestores del fondo toman decisiones sobre cuándo comprar o vender activos para intentar maximizar las ganancias del fondo. Esto puede ser beneficioso para los inversores que no tienen tiempo o el conocimiento necesario para gestionar su propia cartera de inversiones. Sin embargo, una desventaja de los fondos de inversión en comparación con los ETFs es que los primeros suelen tener comisiones más altas debido a la gestión activa. También, los fondos de inversión no son tan líquidos como los ETFs. Si decides vender tus participaciones en un fondo de inversión, es posible que tengas que esperar hasta el final del día o incluso varios días para que se complete la transacción.

Una de las preguntas comunes que se hacen los inversores es si es mejor invertir en un ETF de oro o en un fondo de inversión. La respuesta depende de tus objetivos de inversión y de cuánto control quieras tener sobre tus inversiones. Si prefieres tener flexibilidad y la posibilidad de comprar y vender rápidamente, los ETFs son probablemente la mejor opción. Si, por otro lado, prefieres una estrategia más diversificada y te sientes cómodo con pagar comisiones más altas a cambio de una gestión profesional, entonces un fondo de inversión podría ser una buena alternativa. Cada opción tiene sus ventajas, y lo importante es elegir la que mejor se ajuste a tu perfil como inversor.

Cuando se trata de elegir un ETF de oro, es importante investigar y comparar las opciones disponibles. Hay muchos ETFs de oro en el mercado, y no todos son iguales. Algunos ETFs están respaldados por oro físico, mientras que otros están más enfocados en contratos de futuros o en acciones de empresas mineras de oro. También es fundamental considerar los costos asociados, como las comisiones de gestión, ya que estas pueden afectar tus rendimientos a largo plazo. Es recomendable elegir un ETF con comisiones bajas y con un historial sólido de seguimiento del precio del oro.

Otro aspecto importante a considerar es el riesgo asociado a los ETFs y fondos de oro. Aunque el oro tiende a ser un activo relativamente estable, los precios del oro pueden fluctuar en respuesta a eventos económicos globales, como la inflación, las tasas de interés, o la fortaleza del dólar. Además, si estás invirtiendo en un ETF o fondo que incluye acciones de compañías mineras de oro, es importante recordar que estas acciones están sujetas a los mismos riesgos que cualquier otra empresa en el mercado de valores, como la mala gestión o la baja productividad. Por lo tanto, es importante tener en cuenta que, aunque los ETFs y los fondos de oro son menos arriesgados que operar con futuros, todavía no están exentos de riesgos.

En conclusión, operar oro a través de ETFs y fondos es una forma accesible, flexible y efectiva de invertir en este valioso activo. Los ETFs te permiten beneficiarte de las subidas del precio del oro sin tener que preocuparte por el almacenamiento y la seguridad, mientras que los fondos de inversión te ofrecen una opción diversificada y gestionada profesionalmente. Ambas alternativas son ideales para aquellos que quieren exponerse al mercado del oro sin los desafíos logísticos que implica la posesión de oro físico o la complejidad de los contratos de futuros. Como siempre, es fundamental investigar bien antes de invertir y asegurarse de que la opción elegida se ajuste a tus objetivos y perfil de riesgo.

43

Trading de Oro en el Mercado Forex

El trading de oro en el mercado Forex es una de las maneras más interesantes y versátiles de operar con este metal precioso. A diferencia de comprar oro físico o negociar contratos de futuros, el Forex te permite especular sobre el valor del oro frente a diferentes monedas, generalmente el dólar estadounidense (USD). Esto significa que no solo estás apostando por los cambios en el precio del oro, sino también por la relación entre el oro y las divisas. Este tipo de trading ofrece una gran flexibilidad, apalancamiento y la posibilidad de obtener beneficios tanto en mercados alcistas como bajistas. Sin embargo, también implica riesgos que es importante entender antes de sumergirse en este mundo.

Primero, es fundamental entender cómo funciona el mercado Forex y cómo se negocia el oro en él. El Forex, o mercado de divisas, es el mercado financiero más grande del mundo, donde se negocian divisas las 24 horas del día, los 5 días de la semana. En este mercado, el oro se trata como una "divisa" que se negocia principalmente contra el dólar estadounidense, bajo el símbolo XAU/USD. Esto significa que, en lugar de comprar o vender oro directamente, lo que estás haciendo es operar con el valor del oro en términos de dólares. Si crees que el precio del oro subirá en relación con el dólar, compras XAU/USD. Si crees que el precio del oro bajará, vendes XAU/USD. Este proceso es similar al de negociar cualquier par de divisas en el Forex.

Una de las ventajas clave del trading de oro en el mercado Forex es la posibilidad de aprovechar los movimientos del precio tanto cuando sube como cuando baja. En un mercado alcista, cuando esperas que el precio del oro suba, puedes abrir una posición de compra (también conocida como ir en largo). Si el precio del oro efectivamente sube, puedes cerrar tu posición a un precio más alto y obtener beneficios. Pero lo interesante del Forex es que también puedes abrir una posición de venta (ir en corto) si crees que el precio del oro va a bajar. En este caso, venderías oro a un precio alto y, cuando el precio caiga, lo comprarías de nuevo a un precio más bajo, obteniendo la diferencia como ganancia.

El apalancamiento es otra característica importante del mercado Forex. El apalancamiento te permite controlar una cantidad mucho mayor de oro con una inversión inicial relativamente pequeña. Por ejemplo, si operas con un apalancamiento de 1:100, puedes controlar 100 veces el valor de tu inversión. Esto significa que si inviertes 1,000 dólares, podrías estar controlando 100,000 dólares en oro. El apalancamiento puede amplificar tus ganancias si el precio del oro se mueve a tu favor, pero también puede amplificar tus pérdidas si el mercado va en contra de tu posición. Por esta razón, es fundamental usar el apalancamiento de manera prudente y gestionar bien el riesgo para evitar pérdidas significativas.

Un aspecto que hace que el oro sea un activo popular en el Forex es su papel como refugio seguro. En tiempos de incertidumbre económica, crisis geopolíticas o recesiones, muchos inversores acuden al oro para proteger su capital, lo que puede hacer que el precio del oro suba. Esto crea oportunidades de trading interesantes, ya que el precio del oro tiende a aumentar cuando los mercados de acciones caen o cuando las divisas como el dólar pierden valor. Esto convierte al oro en una excelente opción para los traders que buscan aprovechar los momentos de volatilidad en los mercados financieros. Si sabes interpretar las señales correctas, como cambios en las políticas económicas o eventos globales importantes, puedes identificar cuándo es el mejor momento para comprar o vender oro en el Forex.

El oro también está estrechamente relacionado con el dólar estadounidense, lo que significa que el valor del oro en el mercado Forex puede verse influenciado por la fortaleza o debilidad del dólar. Si el dólar se debilita frente a otras divisas, el precio del oro generalmente tiende a subir, ya que se necesita más dólares para comprar la misma cantidad de oro. Por otro lado, si el dólar se fortalece, el precio del oro puede bajar. Esto crea oportunidades para los traders que monitorean las fluctuaciones en el mercado de divisas y entienden cómo el valor del dólar puede impactar el precio del oro. Además, las políticas de la Reserva Federal, como los cambios en las tasas de interés o las medidas de estímulo económico, también pueden tener un efecto significativo en el precio del oro, lo que añade otro nivel de complejidad y oportunidad al trading de oro en el Forex.

El análisis técnico es una herramienta clave para tener éxito en el trading de oro en el mercado Forex. Los traders que operan en este mercado suelen utilizar gráficos de precios y una variedad de indicadores técnicos para identificar patrones y tendencias que les ayuden a prever hacia dónde se moverá el precio del oro. Los niveles de soporte y resistencia, las medias móviles, el Índice de Fuerza Relativa (RSI) y las bandas de Bollinger son algunos de los indicadores más comunes que los traders usan para analizar el comportamiento del precio del oro. Este tipo de análisis es especialmente útil en el Forex, donde los precios pueden moverse rápidamente en respuesta a noticias o eventos económicos.

Además del análisis técnico, el análisis fundamental también juega un papel importante en el trading de oro en el Forex. Esto implica estar al tanto de los factores económicos y políticos que pueden afectar el precio del oro.

Las tasas de interés, los niveles de inflación, la oferta y demanda de oro en el mundo, y las tensiones geopolíticas son solo algunos de los factores que pueden mover el mercado del oro. Por ejemplo, si un país importante productor de oro experimenta una crisis política que afecta su capacidad para extraer y exportar oro, esto podría reducir la oferta global y hacer que el precio del oro suba. Del mismo modo, si los bancos centrales de los principales países deciden aumentar sus reservas de oro, esto también podría impulsar los precios. Mantenerse informado sobre estos factores puede darte una ventaja significativa a la hora de operar oro en el Forex.

Otro beneficio de operar oro en el Forex es que puedes acceder al mercado las 24 horas del día. El mercado Forex nunca cierra durante los días hábiles, lo que significa que puedes operar oro en cualquier momento que te resulte conveniente, ya sea durante la noche o en horas de la mañana. Esto es especialmente útil para aquellos traders que tienen un horario limitado o que prefieren operar en diferentes sesiones de mercado, como la asiática, europea o estadounidense. La capacidad de operar oro en cualquier momento te da más flexibilidad para aprovechar oportunidades cuando se presenten, y no estás restringido por los horarios de mercado de otros instrumentos financieros.

Sin embargo, como en cualquier forma de trading, operar oro en el mercado Forex no está exento de riesgos. Las fluctuaciones rápidas en el precio del oro pueden resultar en grandes ganancias o pérdidas en un corto período de tiempo. Por eso es crucial tener una estrategia clara y saber gestionar el riesgo de manera efectiva. Esto incluye establecer niveles de stop-loss para limitar tus pérdidas en caso de que el mercado se mueva en tu contra y no arriesgar más dinero del que estés dispuesto a perder. La disciplina es clave en el Forex, especialmente cuando operas con un activo tan volátil como el oro.

En resumen, el trading de oro en el mercado Forex es una forma dinámica y flexible de invertir en este preciado metal. Te ofrece la oportunidad de especular sobre los movimientos del precio del oro en relación con el dólar estadounidense, y de beneficiarte tanto en mercados alcistas como bajistas. Con el uso adecuado de apalancamiento, el análisis técnico y fundamental, y una gestión de riesgos prudente, el trading de oro en el Forex puede ser una herramienta poderosa para generar ingresos. Sin embargo, debido a la volatilidad y los riesgos asociados, es esencial que te prepares bien, investigues a fondo y operes de manera responsable para maximizar tus posibilidades de éxito.

El Papel del Oro en Cartera Diversificada

El papel del oro en una cartera diversificada es un tema de gran importancia para cualquier inversor que busque proteger su patrimonio y, al mismo tiempo, maximizar sus oportunidades de crecimiento a largo plazo. A lo largo de la historia, el oro ha sido considerado un activo seguro, un refugio en tiempos de crisis y una herramienta efectiva para equilibrar una cartera de inversiones. Pero, ¿qué significa exactamente diversificar una cartera? Diversificar implica distribuir tus inversiones en una variedad de activos diferentes para reducir el riesgo. Y aquí es donde entra el oro, ya que tiene características únicas que lo hacen valioso para cualquier estrategia de diversificación.

Primero, es importante entender por qué el oro es considerado un refugio seguro. A lo largo de los siglos, el oro ha sido valorado por su capacidad para mantener su valor en tiempos de incertidumbre económica, política o social. Cuando los mercados de acciones caen, o cuando las economías enfrentan recesiones, el oro tiende a comportarse de manera opuesta, subiendo de valor o, al menos, manteniéndose estable. Esto se debe a que los inversores ven al oro como una reserva de valor confiable en tiempos difíciles. Por lo tanto, incluir oro en una cartera diversificada puede ayudar a reducir la volatilidad general, ya que su rendimiento no está directamente vinculado a los altibajos del mercado de valores.

Un ejemplo claro de esto ocurrió durante la crisis financiera global de 2008. Mientras los mercados bursátiles de todo el mundo se desplomaban y muchos activos perdían valor, el precio del oro subió significativamente. Los inversores que tenían oro en sus carteras vieron cómo este activo ayudaba a amortiguar las pérdidas de otras inversiones. Este es uno de los beneficios clave de tener oro en una cartera diversificada: su capacidad para actuar como un amortiguador durante momentos de alta volatilidad. Incluso si el resto de tu cartera está sufriendo, el oro puede mantener su valor o incluso aumentar, lo que te ofrece una capa adicional de protección.

Otra razón por la que el oro es útil en una cartera diversificada es su baja correlación con otros activos financieros. En términos simples, los activos que están correlacionados tienden a moverse en la misma dirección. Por ejemplo, si tienes varias acciones en tu cartera y la bolsa de valores cae, es probable que la mayoría de esas acciones pierdan valor al mismo tiempo. Sin embargo, el oro tiende a tener una correlación negativa o baja con los activos tradicionales, como las acciones y los bonos. Esto significa que cuando el mercado de acciones cae, el oro a menudo se mueve en la dirección opuesta o no se ve afectado de la misma manera. Incluir un activo como el oro en tu cartera ayuda a evitar que todas tus inversiones se comporten de la misma manera en momentos de crisis, lo que reduce el riesgo general.

Además de su papel como refugio seguro y activo de baja correlación, el oro también es una buena protección contra la inflación. La inflación ocurre cuando los precios de bienes y servicios suben, lo que reduce el poder adquisitivo del dinero. En épocas de alta inflación, los activos tradicionales, como las acciones o los bonos, pueden perder valor, ya que el dinero que ganas con ellos vale menos. Sin embargo, el oro tiende a aumentar de valor durante períodos de inflación. Esto se debe a que el oro es un recurso finito, no se puede imprimir o crear fácilmente como el dinero. A medida que la inflación aumenta, la demanda de oro suele crecer porque los inversores lo ven como una forma de proteger su poder adquisitivo. Por lo tanto, tener oro en una cartera diversificada puede ayudarte a protegerte contra el impacto de la inflación.

Otro aspecto interesante del oro es que es un activo tangible. A diferencia de las acciones, los bonos o las criptomonedas, que son activos intangibles que no puedes ver ni tocar, el oro es un bien físico. Este aspecto físico del oro lo hace atractivo para muchos inversores que quieren poseer algo que tenga valor intrínseco. Durante siglos, el oro ha sido utilizado como moneda y como un símbolo de riqueza y estabilidad. Aunque hoy en día no usamos el oro directamente como dinero, su valor sigue siendo reconocido en todo el mundo. Tener oro físico en una cartera proporciona una sensación de seguridad que no se puede obtener con otros tipos de activos financieros.

Ahora, es importante mencionar que, aunque el oro tiene muchos beneficios, no es recomendable tener toda tu cartera invertida en oro. Aunque es un activo valioso para la diversificación, también tiene sus desventajas. Por ejemplo, el oro no genera ingresos pasivos como lo hacen los bonos o las acciones. Cuando inviertes en bonos, recibes pagos de intereses, y cuando inviertes en acciones, puedes recibir dividendos. Sin embargo, el oro no genera ningún tipo de ingresos por sí mismo. Simplemente te beneficia si su precio sube y puedes venderlo a un precio más alto. Por esta razón, el oro debe ser visto como un componente de tu cartera, no como la única inversión.

En cuanto a la cantidad de oro que debes tener en tu cartera, eso depende de tus objetivos financieros, tu tolerancia al riesgo y tu horizonte de inversión. Algunos expertos recomiendan que el oro represente entre un 5% y un 10% de una cartera bien diversificada. Esta cantidad puede variar dependiendo de las condiciones del mercado. Si el mercado de valores está particularmente volátil, o si la inflación está aumentando rápidamente, podrías considerar aumentar tu exposición al oro. Por otro lado, en épocas de estabilidad económica, puede que prefieras mantener una porción más pequeña de tu cartera en oro.

Además del oro físico, también puedes diversificar tu cartera invirtiendo en otros activos relacionados con el oro, como acciones de compañías mineras, ETFs de oro o fondos de inversión que invierten en oro. Las acciones de las compañías mineras de oro pueden ofrecer mayores rendimientos que el oro físico si los precios del oro suben, pero también conllevan más riesgo, ya que el valor de estas acciones puede verse afectado por factores externos a los precios del oro, como la gestión de la empresa o la productividad de las minas. Los ETFs y fondos de inversión de oro son una opción más simple y menos riesgosa, ya que te permiten invertir en una amplia gama de activos relacionados con el oro sin tener que preocuparte por los detalles de cada inversión individual.

Finalmente, es importante recordar que la diversificación no es solo sobre invertir en oro, sino sobre construir una cartera equilibrada que incluya una variedad de activos que se comporten de manera diferente en diversas condiciones de mercado. El oro puede actuar como una excelente cobertura y ofrecer estabilidad en tiempos de incertidumbre, pero también es esencial incluir otros activos, como acciones, bonos y bienes raíces, para asegurar un crecimiento sólido a largo plazo. La clave para el éxito en las inversiones es tener una estrategia diversificada que te permita obtener beneficios tanto en buenos como en malos tiempos.

En conclusión, el oro desempeña un papel fundamental en una cartera diversificada debido a su capacidad para proteger contra la volatilidad, su baja correlación con otros activos, su valor como refugio seguro y su capacidad para mitigar el impacto de la inflación. Aunque no genera ingresos pasivos y puede no ser adecuado como única inversión, el oro ofrece un valor intrínseco que puede proteger tu patrimonio en tiempos de incertidumbre económica. Incorporar oro en tu estrategia de inversión es una forma efectiva de asegurarte de que tu cartera esté preparada para cualquier eventualidad que los mercados financieros puedan enfrentar.

Análisis Técnico para el Trading de Oro

El análisis técnico es una de las herramientas más importantes y poderosas que los traders utilizan para tomar decisiones en el mercado del oro. A diferencia del análisis fundamental, que se centra en los factores económicos y noticias globales que pueden influir en el precio del oro, el análisis técnico se basa en el estudio de los gráficos de precios. En términos simples, se trata de observar los movimientos pasados del precio del oro para intentar predecir su comportamiento futuro. La idea detrás del análisis técnico es que el precio de un activo ya refleja toda la información relevante y que los patrones históricos tienden a repetirse con el tiempo. Esto lo convierte en una herramienta clave para cualquier trader que busque aprovechar las oportunidades en el mercado del oro.

El primer paso para usar el análisis técnico en el trading de oro es familiarizarse con los gráficos de precios. Los gráficos muestran la evolución del precio del oro a lo largo del tiempo y pueden estar configurados para mostrar diferentes marcos temporales, desde minutos hasta años. Los gráficos de velas japonesas son los más utilizados por los traders, ya que proporcionan una gran cantidad de información en un solo vistazo. Cada vela en el gráfico representa un período de tiempo, como una hora, un día o una semana, y muestra cuatro datos clave: el precio de apertura, el precio de cierre, el precio más alto y el precio más bajo en ese período. Si la vela es de color claro, significa que el precio de cierre fue mayor que el de apertura (una señal alcista), mientras que una vela de color oscuro indica que el precio de cierre fue menor que el de apertura (una señal bajista). Estos gráficos ayudan a los traders a visualizar el comportamiento del mercado y a identificar patrones.

Uno de los conceptos más básicos y utilizados en el análisis técnico es el de soporte y resistencia. El nivel de soporte es un precio en el gráfico donde el oro ha tendido a detener su caída en el pasado. Es como un "suelo" que evita que el precio baje más allá de un cierto punto. Por otro lado, el nivel de resistencia es un precio donde el oro ha tenido dificultades para subir más, actuando como un "techo" que detiene el avance del precio. Los traders buscan estos niveles clave porque a menudo son puntos en los que el precio del oro puede cambiar de dirección. Por ejemplo, si el precio del oro está cerca de un nivel de soporte, un trader puede decidir comprar, esperando que el precio rebote hacia arriba. Del mismo modo, si el precio se acerca a un nivel de resistencia, podría ser una oportunidad para vender, ya que existe una alta probabilidad de que el precio caiga.

Además de los niveles de soporte y resistencia, los traders también utilizan herramientas como las medias móviles para analizar las tendencias del precio del oro. Una media móvil es simplemente el promedio del precio del oro durante un período de tiempo específico, y puede ser utilizada para suavizar las fluctuaciones diarias y hacer que las tendencias sean más fáciles de identificar. Las medias móviles pueden ser de corto, mediano o largo plazo, y los traders suelen observar cómo interactúan entre sí para buscar señales de compra o venta. Por ejemplo, si una media móvil de corto plazo cruza por encima de una media móvil de largo plazo, esto puede ser una señal de que el precio del oro está entrando en una tendencia alcista. Del mismo modo, si la media móvil de corto plazo cruza por debajo de la de largo plazo, puede ser una señal de que el precio está entrando en una tendencia bajista.

Otro indicador técnico popular es el Índice de Fuerza Relativa (RSI). El RSI es un indicador que mide la velocidad y el cambio de los movimientos de precios del oro para determinar si el mercado está sobrecomprado o sobrevendido. El RSI se expresa en un rango de 0 a 100. Si el RSI está por encima de 70, esto puede indicar que el oro está sobrecomprado, lo que significa que el precio ha subido demasiado rápido y es probable que pronto haya una corrección. Por el contrario, si el RSI está por debajo de 30, esto sugiere que el oro está sobrevendido y podría haber una oportunidad de compra, ya que el precio puede rebotar hacia arriba. Este indicador es útil porque ayuda a los traders a identificar cuándo un movimiento en el precio del oro ha llegado demasiado lejos y podría revertirse.

Las bandas de Bollinger son otro indicador que los traders usan comúnmente para el análisis técnico del oro. Este indicador consiste en tres líneas: una media móvil en el centro y dos bandas por encima y por debajo de esta media. Las bandas de Bollinger se expanden y contraen en función de la volatilidad del mercado. Cuando las bandas están muy separadas, indica que el mercado es más volátil; cuando están más cercanas, el mercado es menos volátil. Los traders observan cómo interactúa el precio del oro con estas bandas para tomar decisiones de trading. Si el precio toca o rompe la banda superior, puede ser una señal de que el oro está sobrecomprado y que el precio podría retroceder. Si el precio toca o rompe la banda inferior, podría ser una señal de que el oro está sobrevendido y que el precio podría rebotar.

Un aspecto importante del análisis técnico es la identificación de patrones en los gráficos. Los patrones son formaciones específicas que el precio del oro crea en un gráfico y que pueden indicar un cambio en la dirección del mercado. Algunos de los patrones más comunes incluyen el "hombro-cabeza-hombro", que es un patrón de reversión que suele indicar que una tendencia alcista está a punto de cambiar a una tendencia bajista. Otro patrón común es el "triángulo", que puede señalar una consolidación del precio antes de que el mercado decida en qué dirección moverse. Los traders que son expertos en identificar estos patrones pueden usarlos para anticipar movimientos en el precio del oro y tomar decisiones de trading más informadas.

El análisis técnico también tiene en cuenta los volúmenes de negociación, que son una medida de cuántos contratos o unidades de oro se están comprando y vendiendo en un momento dado. Los volúmenes pueden ofrecer pistas sobre la fuerza de una tendencia. Por ejemplo, si el precio del oro está subiendo pero los volúmenes son bajos, esto podría indicar que la tendencia alcista no es muy fuerte y podría revertirse pronto. Por el contrario, si el precio está subiendo y los volúmenes también son altos, esto sugiere que la tendencia tiene una base sólida y es probable que continúe. El análisis de volúmenes puede ser especialmente útil cuando se utiliza junto con otros indicadores técnicos para confirmar señales de compra o venta.

Aunque el análisis técnico es una herramienta valiosa, es importante recordar que no es infalible. Ningún indicador o patrón puede predecir el futuro con certeza, y siempre existe el riesgo de que el mercado se mueva en una dirección inesperada. Por esta razón, los traders suelen combinar el análisis técnico con otras estrategias, como el análisis fundamental o la gestión del riesgo, para aumentar sus probabilidades de éxito. Además, el análisis técnico requiere práctica y paciencia. No es suficiente simplemente aprender a identificar los indicadores; también es crucial saber interpretarlos en el contexto adecuado y tomar decisiones de trading basadas en un análisis cuidadoso y no en impulsos emocionales.

Finalmente, es importante mencionar que el análisis técnico es más efectivo cuando se aplica de manera consistente y disciplinada. Los traders exitosos no solo dependen de una señal o indicador; en cambio, buscan la confirmación de múltiples fuentes antes de tomar una decisión. Por ejemplo, si un trader ve que el precio del oro está cerca de un nivel de soporte, puede esperar a que el RSI indique que el oro está sobrevendido antes de comprar. De la misma manera, si el precio del oro rompe un nivel de resistencia, el trader puede esperar a que las bandas de Bollinger se ensanchen para confirmar que la tendencia alcista es fuerte. Este enfoque metódico y basado en la confirmación es lo que distingue a los traders exitosos de aquellos que actúan impulsivamente.

En resumen, el análisis técnico es una herramienta fundamental para el trading de oro, ya que permite a los traders tomar decisiones informadas basadas en el estudio de los movimientos de precios y patrones históricos. Al utilizar gráficos, indicadores técnicos como el RSI, las bandas de Bollinger, y el análisis de soporte y resistencia, los traders pueden identificar oportunidades de compra y venta y gestionar sus operaciones de manera más efectiva. Sin embargo, el análisis técnico no es una garantía de éxito, y siempre debe combinarse con una estrategia sólida de gestión de riesgos y una mentalidad disciplinada. Con la práctica y el tiempo, el análisis técnico puede convertirse en una parte esencial de tu arsenal como trader de oro.

Análisis Fundamental del Mercado del Oro

El análisis fundamental es una herramienta esencial para comprender el mercado del oro y tomar decisiones informadas sobre cuándo comprar o vender este valioso metal. A diferencia del análisis técnico, que se basa en el estudio de gráficos y patrones de precios, el análisis fundamental se centra en los factores económicos, políticos y sociales que pueden influir en el valor del oro. En otras palabras, se trata de observar lo que está sucediendo en el mundo y cómo esos eventos pueden afectar la oferta y demanda de oro, lo que, a su vez, impacta en su precio. Entender estos factores puede ayudarte a tomar decisiones más estratégicas y menos impulsivas cuando operas con oro.

Uno de los principales factores que influyen en el precio del oro es la política monetaria de los bancos centrales, especialmente del Banco Central de Estados Unidos, la Reserva Federal (Fed). La Fed tiene el poder de influir en las tasas de interés y la cantidad de dinero en circulación, lo cual puede tener un impacto directo en el precio del oro. Por ejemplo, cuando la Fed sube las tasas de interés, el oro tiende a bajar de precio. Esto sucede porque las tasas de interés más altas hacen que los bonos y otros activos financieros sean más atractivos para los inversores, lo que reduce la demanda de oro. Por el contrario, cuando la Fed baja las tasas de interés, el oro suele subir de precio, ya que los inversores buscan refugios seguros como el oro en lugar de activos que ofrezcan menores rendimientos.

Además de la política monetaria, la inflación es otro factor clave que afecta el mercado del oro. La inflación ocurre cuando los precios de los bienes y servicios suben, lo que reduce el valor del dinero. Durante períodos de alta inflación, los inversores tienden a buscar activos que protejan su poder adquisitivo, y el oro ha demostrado ser una de las mejores formas de hacerlo. El oro es considerado una reserva de valor porque, a lo largo del tiempo, ha mantenido su valor incluso cuando las monedas han perdido el suyo. Por ejemplo, si los precios en general suben debido a la inflación, el valor del oro también tiende a subir, ya que más personas intentan comprarlo para protegerse contra la pérdida de valor de su dinero. De esta manera, el oro actúa como un refugio en tiempos de incertidumbre económica.

La política fiscal y la deuda pública de los gobiernos también juegan un papel importante en el precio del oro. Cuando los gobiernos aumentan el gasto público o incurren en altos niveles de deuda, los inversores a menudo se preocupan por la estabilidad económica futura. Esta incertidumbre puede llevar a un aumento en la demanda de oro, ya que los inversores buscan protegerse contra posibles crisis económicas o una depreciación de la moneda. En tiempos de alto endeudamiento gubernamental o cuando un país parece estar imprimiendo más dinero del que debería, el oro se convierte en una opción atractiva para los inversores que desean refugiarse en un activo que históricamente ha sido considerado seguro.

Otro factor que influye en el precio del oro es la demanda de oro físico, especialmente en países como China e India, que son algunos de los mayores consumidores de oro en el mundo. En estos países, el oro no solo es visto como una inversión, sino también como un símbolo de estatus y un bien culturalmente importante, especialmente en eventos como bodas y festivales. Cuando aumenta la demanda de oro en estos países, el precio global del metal tiende a subir. Por ejemplo, en India, durante la temporada de bodas, la demanda de oro a menudo se dispara, lo que provoca un aumento en los precios internacionales. Del mismo modo, cuando la economía de estos países crece, la demanda de oro aumenta, lo que puede hacer que los precios suban aún más.

Además de la demanda de oro en joyería, también existe una gran demanda de oro por parte de los inversores institucionales y los bancos centrales. Los bancos centrales de todo el mundo mantienen grandes reservas de oro como una forma de diversificar sus activos y protegerse contra la devaluación de sus monedas. Cuando los bancos centrales compran oro, el precio suele subir debido al aumento de la demanda. Por otro lado, si los bancos centrales deciden vender parte de sus reservas de oro, el precio puede caer. Esta interacción entre la oferta y la demanda global es un componente clave del análisis fundamental del oro.

Otro aspecto fundamental que afecta al mercado del oro son los acontecimientos geopolíticos. En momentos de tensiones internacionales, conflictos armados o crisis políticas, el oro tiende a subir de precio. Esto se debe a que el oro es visto como un refugio seguro en tiempos de incertidumbre. Cuando los mercados financieros son volátiles debido a la inestabilidad geopolítica, los inversores buscan activos que les ofrezcan seguridad, y el oro históricamente ha cumplido ese papel. Un ejemplo claro de esto ocurrió en 2011, cuando la inestabilidad económica y política en varias partes del mundo llevó a un aumento significativo en el precio del oro, alcanzando máximos históricos.

El valor del dólar estadounidense también tiene un impacto directo en el precio del oro. Dado que el oro se cotiza principalmente en dólares en los mercados internacionales, cualquier cambio en el valor del dólar puede afectar su precio. Cuando el dólar se fortalece, el oro tiende a bajar de precio, ya que se vuelve más caro para los inversores que compran oro con otras monedas. Por el contrario, cuando el dólar se debilita, el oro tiende a subir de precio, ya que se vuelve más accesible para los inversores extranjeros. Este es un aspecto importante que los traders de oro deben tener en cuenta, ya que los movimientos en el valor del dólar pueden influir significativamente en el mercado del oro.

La oferta y la producción de oro también juegan un papel en su precio. El oro es un recurso finito, lo que significa que su suministro es limitado. La minería de oro es un proceso costoso y complejo, y la cantidad de oro que se puede extraer de la tierra está disminuyendo con el tiempo. A medida que las minas de oro se vuelven menos productivas y más difíciles de operar, el costo de extraer oro aumenta, lo que puede llevar a un aumento en los precios. Además, si las principales regiones productoras de oro, como Sudáfrica, Australia o Rusia, enfrentan problemas políticos, económicos o ambientales que afecten la producción de oro, la oferta global de oro puede disminuir, lo que también impulsaría los precios al alza.

Un aspecto que a menudo se pasa por alto en el análisis fundamental del oro es el impacto de la tecnología. Aunque el oro es un recurso tradicionalmente utilizado en joyería y como inversión, también tiene aplicaciones tecnológicas, especialmente en la electrónica y la medicina. A medida que la tecnología avanza y la demanda de oro en estos sectores crece, su precio puede verse afectado. Por ejemplo, el oro es utilizado en la fabricación de componentes electrónicos debido a su alta conductividad y resistencia a la corrosión. Si la demanda de dispositivos electrónicos aumenta, también lo hará la demanda de oro en este sector, lo que podría tener un impacto positivo en su precio.

En resumen, el análisis fundamental del mercado del oro implica examinar una amplia gama de factores económicos, políticos y sociales que pueden influir en su precio. Entre los más importantes están las políticas monetarias de los bancos centrales, la inflación, la demanda de oro físico en países clave como

China e India, los acontecimientos geopolíticos, el valor del dólar, la oferta global de oro y la demanda tecnológica. Al entender cómo estos factores afectan la oferta y la demanda de oro, los inversores y traders pueden tomar decisiones más informadas y estratégicas sobre cuándo comprar o vender oro. Aunque el análisis fundamental no puede predecir con precisión los movimientos futuros del precio del oro, proporciona una base sólida para tomar decisiones basadas en la realidad económica y global, en lugar de depender únicamente de los gráficos y patrones. El análisis fundamental es, por tanto, una herramienta esencial para cualquier persona que quiera operar en el mercado del oro de manera exitosa y a largo plazo.

El Impacto de los Bancos Centrales en el Precio del Oro

El impacto de los bancos centrales en el precio del oro es uno de los temas más importantes que cualquier trader o inversionista debe entender. Los bancos centrales no solo son las instituciones encargadas de gestionar las políticas monetarias de los países, sino que también juegan un papel clave en la compra y venta de oro, lo que afecta directamente su precio. Los bancos centrales, como la Reserva Federal de los Estados Unidos, el Banco Central Europeo o el Banco Popular de China, poseen grandes reservas de oro y a menudo compran y venden el metal como parte de su estrategia para gestionar sus economías. Estas acciones pueden tener un efecto significativo en el mercado global del oro.

Uno de los principales roles de los bancos centrales es manejar la política monetaria de sus países, lo que incluye la fijación de las tasas de interés. Las tasas de interés son fundamentales para el valor del oro, ya que influyen en la rentabilidad de otras inversiones, como los bonos. Cuando los bancos centrales suben las tasas de interés, los inversores tienden a mover su dinero hacia activos que generan rendimientos, como los bonos del gobierno, en lugar de mantenerlo en oro, que no paga intereses ni dividendos. Esto puede hacer que la demanda de oro disminuya, lo que lleva a una caída en su precio. Por otro lado, cuando los bancos centrales bajan las tasas de interés, el oro se vuelve más atractivo, ya que los inversores buscan activos seguros que no dependan de las tasas de interés. Esto a menudo resulta en un aumento en la demanda de oro y, por lo tanto, en su precio.

El manejo de la oferta monetaria también es un factor clave en la influencia de los bancos centrales sobre el oro. Cuando los bancos centrales inyectan grandes cantidades de dinero en la economía a través de políticas como la flexibilización cuantitativa, esto tiende a devaluar la moneda local. Cuando la moneda de un país se debilita, el oro se vuelve más atractivo como una reserva de valor, ya que no está vinculado a ninguna moneda en particular. Esto puede hacer que el precio del oro suba, ya que más personas y países buscan protegerse contra la pérdida de valor de su dinero comprando oro. De manera inversa, cuando un banco central restringe la oferta monetaria o fortalece su moneda, el oro puede volverse menos atractivo, lo que presiona a la baja su precio.

Las reservas de oro que poseen los bancos centrales también juegan un papel importante en el mercado del oro. Durante muchos años, los bancos centrales han mantenido grandes cantidades de oro como parte de sus reservas internacionales. Estas reservas no solo son una señal de estabilidad económica, sino que también actúan como un respaldo para la moneda del país. Sin embargo, la cantidad de oro que los bancos centrales deciden comprar o vender puede tener un gran impacto en los precios globales. Si un banco central de un país importante decide aumentar significativamente sus reservas de oro, esto puede causar un aumento en la demanda y un incremento en los precios. Por otro lado, si los bancos centrales deciden vender grandes cantidades de oro, el precio puede caer debido al aumento en la oferta disponible en el mercado.

Uno de los ejemplos más claros de cómo los bancos centrales afectan el precio del oro es lo que ocurrió durante la crisis financiera de 2008. En ese momento, los bancos centrales de todo el mundo adoptaron políticas monetarias expansivas para combatir la crisis, lo que incluyó la reducción de las tasas de interés y la inyección masiva de dinero en las economías. Como resultado de estas acciones, muchas personas y países perdieron confianza en el sistema financiero y buscaron refugio en el oro. Esto causó que el precio del oro se disparara a niveles récord, ya que más y más inversores compraban el metal como una forma de protegerse contra la inestabilidad económica.

Otra área en la que los bancos centrales tienen un impacto significativo en el precio del oro es a través de sus decisiones de comprar o vender oro en los mercados internacionales. Cuando un banco central grande, como el de China o Rusia, decide aumentar sus reservas de oro, esto puede tener un efecto inmediato en el precio global del oro. Estos bancos centrales a menudo compran grandes cantidades de oro de una sola vez, lo que aumenta la demanda y eleva los precios. Del mismo modo, si deciden vender parte de sus reservas, esto puede hacer que el precio caiga debido al aumento de la oferta en el mercado. Es por esto que los traders y analistas suelen estar atentos a las políticas y acciones de los bancos centrales, ya que sus decisiones pueden crear oportunidades o riesgos significativos en el mercado del oro.

Un aspecto interesante de la relación entre los bancos centrales y el oro es que, aunque muchos países ya no utilizan el patrón oro (un sistema en el que las monedas estaban respaldadas por el oro), el metal sigue siendo una parte importante de las reservas internacionales. Incluso en un sistema monetario moderno, donde las monedas ya no están directamente vinculadas al oro, los bancos centrales mantienen oro como una forma de diversificar sus activos y protegerse contra la volatilidad en los mercados financieros. En momentos de crisis, el oro sigue siendo considerado un activo seguro, y los bancos centrales a menudo recurren a él como una manera de asegurar la estabilidad económica.

Otra razón por la que los bancos centrales tienen un impacto tan fuerte en el precio del oro es porque sus decisiones de política monetaria pueden generar inflación o deflación, lo que a su vez afecta el valor del oro. En momentos de alta inflación, el oro suele subir de precio, ya que los inversores lo ven como una protección contra la pérdida de poder adquisitivo de las monedas. Por ejemplo, si un banco central imprime demasiado dinero o reduce demasiado las tasas de interés, esto puede causar un aumento en los precios de los bienes y servicios, lo que lleva a una mayor demanda de oro como refugio. En tiempos de deflación, cuando los precios bajan y el valor del dinero aumenta, el precio del oro puede caer, ya que los inversores prefieren mantener dinero en efectivo u otros activos que generen rendimientos.

También es importante entender que los bancos centrales no actúan de manera aislada. Las políticas de un banco central pueden afectar a otros países y a sus respectivas decisiones sobre el oro. Por ejemplo, si la Reserva Federal de los Estados Unidos aumenta las tasas de interés, esto puede llevar a otros bancos centrales a hacer lo mismo para proteger el valor de sus monedas frente al dólar. Estos movimientos coordinados pueden influir en la demanda de oro a nivel global, haciendo que los precios suban o bajen en función de las políticas adoptadas.

En los últimos años, ha habido un creciente interés en el oro por parte de los bancos centrales de economías emergentes, como China y Rusia. Estos países han estado comprando grandes cantidades de oro para diversificar sus reservas y reducir su dependencia del dólar estadounidense. Este cambio en la política de los bancos centrales de estas naciones ha tenido un impacto significativo en el mercado del oro, ya que ha aumentado la demanda global y ha impulsado los precios al alza. Este es un ejemplo claro de cómo las decisiones de los bancos centrales pueden afectar directamente el valor del oro en los mercados internacionales.

En resumen, el impacto de los bancos centrales en el precio del oro es innegable y se manifiesta de diversas maneras. Desde la fijación de las tasas de interés hasta la gestión de las reservas de oro, los bancos centrales tienen el poder de influir en la oferta y la demanda de este valioso metal. Sus políticas monetarias, decisiones sobre la compra y venta de oro, y su manejo de la inflación y la oferta monetaria pueden causar fluctuaciones significativas en el precio del oro, lo que los convierte en un actor clave en este mercado. Para cualquier trader o inversionista que desee operar en el mercado del oro, es esencial seguir de cerca las acciones de los bancos centrales y entender cómo sus decisiones pueden afectar el valor del metal.

Trading de Oro Durante Crisis Económicas

El trading de oro durante crisis económicas es un tema que siempre genera mucho interés, ya que el oro ha sido históricamente considerado como un refugio seguro en tiempos de incertidumbre. Cuando las economías comienzan a tambalearse, ya sea por una recesión, una crisis financiera o problemas geopolíticos, muchas personas, desde grandes inversores hasta pequeños ahorradores, recurren al oro como una forma de proteger su dinero. Pero, ¿por qué sucede esto y cómo se puede aprovechar el oro durante una crisis económica?

Durante una crisis económica, la confianza en los mercados financieros tradicionales tiende a disminuir. Los precios de las acciones caen, las monedas pueden perder valor, y los bonos, que suelen ser una opción de inversión segura, pueden no ofrecer rendimientos atractivos. En este contexto, el oro destaca como una inversión sólida porque, a diferencia de las acciones o los bonos, su valor no depende de los beneficios de una empresa o de las políticas de un gobierno. El oro es un activo tangible que ha sido valioso durante miles de años y sigue siendo percibido como una protección contra la volatilidad de los mercados.

Uno de los principales motivos por los que el oro se vuelve tan atractivo en tiempos de crisis es porque su precio tiende a subir cuando otros activos caen. Esto lo convierte en un refugio para los inversores que buscan proteger su riqueza. A lo largo de la historia, hemos visto este comportamiento en varias ocasiones. Por ejemplo, durante la crisis financiera de 2008, cuando los mercados de acciones colapsaron y las instituciones bancarias estaban al borde del colapso, el precio del oro subió considerablemente. Los inversores lo veían como una forma de protegerse del caos que se vivía en los mercados financieros.

El valor del oro durante una crisis también está influenciado por la percepción de que es un activo resistente a la inflación. Cuando los bancos centrales y los gobiernos tratan de combatir una crisis económica, a menudo adoptan políticas que inyectan grandes cantidades de dinero en la economía, lo que puede conducir a una inflación alta. Cuando el dinero pierde valor, las personas buscan activos que conserven su poder adquisitivo, y el oro ha demostrado ser una excelente opción para esto. A medida que aumenta la inflación, el precio del oro suele subir, lo que ofrece a los inversores una forma de protegerse de la erosión del valor de su dinero.

Otra razón por la cual el oro se valora durante las crisis económicas es su independencia de los sistemas financieros. A diferencia de las acciones o los bonos, el oro no depende de una institución o gobierno en particular. No puede ser congelado ni controlado por terceros, lo que lo convierte en una forma segura de almacenar riqueza, especialmente cuando hay incertidumbre sobre el futuro de las instituciones financieras. En una crisis, cuando los bancos pueden enfrentar dificultades, el oro físico sigue siendo una propiedad segura y tangible, algo que muchos inversores valoran mucho en tiempos de inseguridad económica.

El oro también es visto como una cobertura contra la depreciación de las monedas. Durante una crisis económica, las monedas de los países afectados a menudo pierden valor, lo que puede generar inestabilidad en los mercados cambiarios. Si una moneda se deprecia significativamente, el oro tiende a aumentar su valor en esa moneda, ya que es visto como una alternativa más estable. Esto es especialmente cierto en países donde las crisis económicas son más severas, y las personas prefieren cambiar su dinero en moneda local por oro para evitar la pérdida de valor de sus ahorros.

Además, el oro es un activo que no depende de los ciclos económicos de la misma manera que otros activos financieros. Mientras que las acciones suelen caer en una recesión debido a la disminución de los beneficios empresariales, el oro puede mantener o incluso aumentar su valor, ya que no depende de las ganancias de las empresas ni del crecimiento económico. Esto lo convierte en una opción atractiva para los inversores que desean reducir el riesgo en sus carteras durante una crisis.

A pesar de que el oro es generalmente una inversión sólida durante las crisis, no es inmune a la volatilidad. Aunque su precio tiende a subir en tiempos de incertidumbre, también puede experimentar fluctuaciones a corto plazo. Por ejemplo, durante una crisis, los inversores pueden verse obligados a vender oro para cubrir otras pérdidas o pagar deudas, lo que puede hacer que el precio caiga temporalmente. Sin embargo, a largo plazo, el oro suele recuperarse y continuar su tendencia alcista, especialmente si la crisis persiste.

Otro aspecto importante del trading de oro durante una crisis económica es el acceso a los diferentes mercados donde se negocia el oro. Durante tiempos difíciles, los inversores pueden optar por comprar oro físico, como lingotes o monedas, que pueden almacenar y poseer directamente. El oro físico es valorado por su tangibilidad, pero tiene desventajas, como los costos de almacenamiento y seguridad. Por otro lado, muchos traders prefieren operar con derivados de oro, como futuros o contratos por diferencia (CFDs), que permiten beneficiarse de las fluctuaciones del precio del oro sin tener que poseer el metal físicamente. Estos instrumentos financieros permiten una mayor flexibilidad, especialmente en tiempos de crisis, cuando el acceso al oro físico puede ser limitado o caro.

Además de las opciones tradicionales como los futuros y los ETFs, muchos traders también recurren a los mercados de oro en Forex. En este mercado, se negocian pares de divisas que incluyen el oro como un componente clave. Este tipo de trading es atractivo para los inversores que buscan aprovechar tanto la volatilidad del oro como las fluctuaciones en los tipos de cambio. Durante una crisis económica, cuando las monedas pueden ser particularmente volátiles, el oro tiende a actuar como un estabilizador, lo que permite a los traders de Forex cubrir sus posiciones con el oro y beneficiarse de sus movimientos de precio.

Uno de los mayores desafíos del trading de oro durante una crisis económica es el timing. Aunque el oro tiende a subir en momentos de incertidumbre, no siempre es fácil predecir cuándo comenzará esa subida. A veces, los precios del oro pueden mantenerse estables o incluso bajar durante las primeras fases de una crisis, para luego aumentar cuando la situación se agrava. Por eso es importante estar bien informado y seguir de cerca las señales del mercado antes de tomar decisiones apresuradas. Las noticias económicas, las decisiones de los bancos centrales y los eventos geopolíticos pueden ser indicadores clave de cuándo podría haber un aumento en la demanda de oro.

Por último, es fundamental recordar que, aunque el oro puede ser una excelente protección en tiempos de crisis, no debe ser la única inversión en una cartera diversificada. Es importante combinar el oro con otros activos, como bonos y acciones de sectores más resistentes a las crisis, para maximizar las oportunidades de ganancias y minimizar los riesgos. El oro puede ser una pieza importante del rompecabezas, pero no debe ser la única opción. Al tener una estrategia equilibrada, los inversores pueden navegar mejor las aguas turbulentas de una crisis económica y salir en una posición más fuerte.

En resumen, el trading de oro durante crisis económicas ofrece grandes oportunidades, pero también presenta desafíos. El oro es un refugio seguro que los inversores buscan en tiempos de incertidumbre, y su precio tiende a subir cuando otros activos caen. Sin embargo, es fundamental entender las dinámicas del mercado y estar preparado para la volatilidad que puede surgir en el corto plazo. Aprovechar el oro como parte de una estrategia más amplia y bien diversificada puede ser la clave para proteger y hacer crecer la riqueza durante momentos difíciles.

El Efecto de la Geopolítica en el Mercado del Oro

El efecto de la geopolítica en el mercado del oro es un tema fascinante porque combina dos mundos aparentemente diferentes: la política internacional y el mercado de metales preciosos. Sin embargo, ambos están profundamente conectados. Las tensiones entre países, las guerras, los conflictos comerciales, e incluso las decisiones políticas internas de una nación, pueden influir significativamente en el precio del oro. Esto se debe a que el oro, como activo refugio, tiende a ser percibido como una inversión segura en tiempos de incertidumbre política o económica.

Para empezar, el oro es considerado un refugio seguro porque, a lo largo de la historia, ha mantenido su valor en medio de situaciones críticas. Cuando ocurren eventos geopolíticos que amenazan la estabilidad de un país o del sistema económico global, los inversores suelen volcarse hacia el oro. Esto se debe a que, a diferencia de las acciones o las monedas, el oro no está directamente ligado a los resultados de una empresa o a la política monetaria de un gobierno. El oro es tangible, y su valor tiende a aumentar en momentos de crisis, lo que lo convierte en un recurso muy valioso cuando las cosas se vuelven impredecibles.

Uno de los efectos más evidentes de la geopolítica en el mercado del oro es el aumento de su demanda durante conflictos militares. Las guerras, o incluso la amenaza de guerra, generan incertidumbre y temor en los mercados financieros. Cuando los inversores no saben qué sucederá con las economías afectadas por el conflicto, tienden a buscar refugios seguros para proteger su capital. Esto es especialmente cierto cuando la guerra involucra a grandes potencias mundiales o regiones clave para la economía global. En esos casos, el oro se convierte en una opción lógica, ya que su valor no está directamente ligado al desempeño de ningún país en particular.

Tomemos como ejemplo la invasión de Irak en 2003 o las tensiones nucleares entre Corea del Norte y los Estados Unidos. En ambos casos, la inestabilidad política y militar hizo que el precio del oro se disparara, ya que los inversores buscaban proteger sus activos ante la posibilidad de una guerra prolongada o una crisis económica derivada del conflicto. Este patrón se ha repetido a lo largo de la historia: las guerras suelen impulsar el precio del oro a niveles más altos debido a la búsqueda de seguridad por parte de los inversores.

Además de los conflictos bélicos, las tensiones geopolíticas, como las disputas comerciales o las sanciones económicas, también pueden afectar el precio del oro. En los últimos años, hemos visto cómo las disputas entre Estados Unidos y China, las dos economías más grandes del mundo, han tenido un impacto directo en los mercados financieros, incluido el del oro. Las tensiones comerciales entre ambos países han generado incertidumbre en los mercados, y esa incertidumbre ha llevado a un aumento en la demanda de oro. Los inversores temen que una guerra comercial prolongada pueda afectar negativamente a la economía global, y por lo tanto, buscan refugio en activos que no están tan expuestos a este tipo de conflictos.

Un ejemplo claro es la guerra comercial entre Estados Unidos y China que comenzó en 2018. A medida que las tensiones aumentaban y las tarifas comerciales se incrementaban, los inversores comenzaron a preocuparse por el impacto de esta situación en la economía global. Esto generó un aumento en la demanda de oro, lo que llevó a un aumento en su precio. Los inversores veían al oro como una protección frente a la posible desaceleración económica que podría surgir como resultado de la disputa comercial. Incluso cuando los gobiernos intentaban resolver el conflicto, la incertidumbre persistía, lo que mantenía el interés por el oro en niveles altos.

Otro aspecto interesante del efecto de la geopolítica en el mercado del oro es cómo las sanciones económicas y las restricciones financieras pueden aumentar la demanda de este metal precioso. Cuando un país se enfrenta a sanciones internacionales, como ha sido el caso de Irán o Rusia, su acceso al sistema financiero global se ve limitado. Esto puede llevar a que los gobiernos y ciudadanos de esos países busquen alternativas para proteger su riqueza, y una de esas alternativas es el oro. A lo largo de la historia, muchos países sancionados han recurrido al oro para evitar las restricciones impuestas sobre sus monedas o transacciones financieras. Esto no solo aumenta la demanda de oro en esos países, sino que también puede afectar los precios globales.

El oro es especialmente atractivo en estos escenarios porque es un activo físico que puede ser almacenado y transferido sin depender de los sistemas bancarios internacionales. En un contexto de sanciones o restricciones financieras, el oro se convierte en una moneda universal que permite a los gobiernos y personas mantener su poder adquisitivo. Esto es especialmente importante en países que enfrentan sanciones severas, ya que el acceso a las monedas extranjeras, como el dólar o el euro, puede ser limitado. El oro, en cambio, sigue siendo accesible, lo que lo convierte en una herramienta clave para sortear las barreras financieras impuestas por otros gobiernos.

Además de los conflictos bélicos y las sanciones, los cambios políticos internos en los países también pueden afectar el mercado del oro. Las elecciones, especialmente en economías grandes o influyentes, suelen generar incertidumbre sobre las políticas económicas futuras. Si un país clave como Estados Unidos, Alemania o China elige un nuevo gobierno con políticas económicas drásticamente diferentes, los inversores pueden sentirse inseguros sobre el futuro de los mercados financieros. Esta incertidumbre puede llevar a un aumento en la demanda de oro como protección contra posibles cambios drásticos en la economía.

Un ejemplo reciente es la elección de Donald Trump como presidente de los Estados Unidos en 2016. Su victoria sorprendió a muchos inversores, y la incertidumbre sobre las políticas que implementaría llevó a un aumento en la demanda de oro en los días posteriores a su elección. Muchos temían que sus políticas comerciales y económicas pudieran desestabilizar los mercados globales, lo que hizo que los inversores buscaran seguridad en el oro. Aunque el mercado bursátil finalmente se recuperó y experimentó un período de crecimiento, el aumento inicial en el precio del oro mostró cómo la incertidumbre política puede influir en los precios del metal.

Otro caso interesante es el Brexit, la decisión del Reino Unido de abandonar la Unión Europea. Desde el referéndum en 2016 hasta la salida efectiva del país en 2020, el oro experimentó una gran demanda debido a la incertidumbre económica y política que rodeaba la separación. Los inversores no sabían cómo afectaría el Brexit a la economía del Reino Unido o de la Unión Europea, por lo que muchos optaron por invertir en oro como una forma de protegerse contra cualquier posible impacto negativo.

Es importante destacar que el oro no siempre sube durante todos los eventos geopolíticos. A veces, los efectos pueden ser temporales o depender de cómo evolucionen las tensiones. Por ejemplo, si un conflicto bélico se resuelve rápidamente o si una crisis política interna se estabiliza, el precio del oro puede volver a niveles más bajos a medida que disminuye la incertidumbre. Esto significa que, aunque la geopolítica puede tener un impacto importante en el mercado del oro, también es necesario tener en cuenta otros factores, como la política monetaria y la economía global, para comprender completamente los movimientos de precios.

En resumen, la geopolítica juega un papel crucial en el mercado del oro. Las guerras, las tensiones comerciales, las sanciones económicas y los cambios políticos internos pueden aumentar la demanda de oro, ya que los inversores buscan un refugio seguro en tiempos de incertidumbre. El oro ha demostrado ser una inversión valiosa en estos contextos, ya que ofrece estabilidad y protección contra las fluctuaciones del mercado. Sin embargo, es importante recordar que los efectos de la geopolítica en el oro no siempre son predecibles o permanentes, y los traders deben estar atentos a otros factores económicos para tomar decisiones informadas.

Secretos del Trading de Oro para el Éxito

El trading de oro puede ser una de las formas más emocionantes y lucrativas de invertir, pero también puede ser complicado si no se tiene la estrategia adecuada. A lo largo de los años, muchos traders han tratado de encontrar los "secretos" para tener éxito en este mercado. Si bien no existe una fórmula mágica que garantice ganancias, hay ciertos principios y estrategias que pueden aumentar significativamente tus posibilidades de éxito. A continuación, exploraremos algunos de los secretos del trading de oro que pueden ayudarte a convertirte en un trader más eficiente y rentable.

Uno de los secretos más importantes del trading de oro es entender que este metal precioso no se comporta como otros activos. Mientras que las acciones y las divisas están influenciadas por los ingresos corporativos o la política monetaria de los gobiernos, el precio del oro está más relacionado con factores macroeconómicos y geopolíticos. Por ejemplo, cuando hay incertidumbre en el mundo, como crisis financieras o tensiones políticas, el oro tiende a aumentar de valor. Esto se debe a que el oro es visto como un refugio seguro, un activo que no pierde valor fácilmente en tiempos difíciles. Por lo tanto, uno de los primeros secretos para tener éxito en el trading de oro es prestar atención a lo que sucede en el panorama global, ya que los eventos más grandes pueden tener un impacto significativo en los precios del oro.

Otro de los secretos clave del trading de oro es dominar el análisis técnico. Si bien el análisis fundamental, que evalúa las condiciones económicas, es importante, el análisis técnico es esencial para determinar cuándo entrar y salir de una operación. Esto implica estudiar los gráficos de precios y buscar patrones que indiquen hacia dónde se dirigirá el mercado. Por ejemplo, uno de los patrones más comunes es el de "soporte y resistencia". El soporte es un nivel en el gráfico donde el precio del oro tiende a no caer por debajo, mientras que la resistencia es un nivel donde el precio tiende a no subir más. Si logras identificar estos niveles en un gráfico, podrás tomar decisiones más informadas sobre cuándo comprar o vender.

Además de los niveles de soporte y resistencia, es útil conocer otros indicadores técnicos, como las medias móviles. Estas son líneas que muestran el precio promedio del oro durante un cierto período de tiempo, como 50 o 200 días. Cuando el precio del oro cruza por encima o por debajo de una media móvil, puede ser una señal de que está comenzando una nueva tendencia. Algunos traders también utilizan el "índice de fuerza relativa" (RSI, por sus siglas en inglés), que mide si el oro está sobrecomprado o sobrevendido. Si el RSI muestra que el oro está sobrecomprado, es posible que el precio pronto caiga, y si está sobrevendido, puede ser una señal de que el precio va a subir. Usar estos indicadores te permite tomar decisiones más informadas y basadas en datos reales, en lugar de dejarte llevar solo por el instinto o las emociones.

Hablando de emociones, otro secreto fundamental del trading de oro es aprender a controlarlas. Uno de los mayores errores que cometen los traders, tanto principiantes como experimentados, es dejar que las emociones nublen su juicio. El miedo y la avaricia son los dos sentimientos que más afectan a los traders. Por ejemplo, es fácil sentir miedo cuando el mercado se mueve en tu contra y vender antes de tiempo, perdiendo la oportunidad de una recuperación. De igual manera, la avaricia puede hacer que te aferres a una operación que ha sido rentable durante mucho tiempo, esperando ganar más, solo para ver cómo el mercado cambia y terminas perdiendo lo que habías ganado. Por eso, un secreto importante para tener éxito en el trading de oro es ser disciplinado. Establecer límites claros de cuándo entrar y salir de una operación, y seguirlos sin importar lo que suceda, es clave para evitar tomar decisiones impulsivas que puedan costarte dinero.

Una herramienta que muchos traders exitosos usan para evitar que sus emociones interfieran es el "stop loss". Un stop loss es una orden automática que cierra una operación cuando el precio alcanza un nivel predeterminado, limitando así las pérdidas. Por ejemplo, si compras oro a 1900 dólares la onza, puedes establecer un stop loss en 1850 dólares. Si el precio cae a ese nivel, tu operación se cerrará automáticamente, limitando tus pérdidas. De esta manera, no tienes que preocuparte por estar monitoreando el mercado constantemente, y puedes proteger tu capital de movimientos bruscos. Los traders experimentados también suelen utilizar el "take profit", que es lo opuesto al stop loss: una orden que cierra tu operación cuando el precio alcanza un nivel de ganancias predeterminado. Esto te permite asegurarte de que sales del mercado con beneficios, sin dejar que la avaricia te haga esperar demasiado tiempo.

Otro secreto del trading de oro es diversificar tus estrategias. No te limites a una sola forma de operar. Por ejemplo, puedes hacer trading a corto plazo, comprando y vendiendo oro en el mismo día, aprovechando pequeños movimientos en el precio. Esta es una estrategia que puede generar ganancias rápidas, pero también es más arriesgada, ya que requiere un seguimiento constante del mercado. Otra opción es el trading a largo plazo, en el que mantienes tus posiciones durante semanas o meses, esperando que el precio suba considerablemente. Este enfoque suele ser más relajado y menos estresante, pero requiere paciencia y confianza en que el mercado se moverá a tu favor con el tiempo.

Además, es importante no poner todos tus recursos en una sola operación. Muchos traders cometen el error de invertir demasiado capital en una única posición, lo que los deja expuestos a grandes pérdidas si el mercado se mueve en su contra. La clave está en distribuir tu capital entre varias operaciones y estrategias. Esto no solo te protege de pérdidas significativas, sino que también te permite aprovechar diferentes oportunidades en el mercado. Si una operación no va bien, otras pueden compensar esas pérdidas.

También es fundamental estar al tanto de las tendencias de largo plazo en el mercado del oro. Si bien el precio del oro puede ser volátil en el corto plazo, a largo plazo tiende a seguir patrones más predecibles. Por ejemplo, en épocas de inflación alta, el oro tiende a subir de precio, ya que los inversores buscan protegerse contra la pérdida de valor de las monedas. Por otro lado, cuando las tasas de interés son altas, el oro puede perder atractivo, ya que los inversores prefieren activos que generen rendimientos más altos. Mantenerte informado sobre estas tendencias te permitirá tomar decisiones más inteligentes y evitar operar contra el flujo natural del mercado.

Otro secreto para el éxito en el trading de oro es educarte constantemente. Los mercados financieros están en constante cambio, y lo que funcionaba hace unos años puede no ser efectivo hoy. Lee libros, toma cursos, sigue a traders experimentados y mantente al tanto de las noticias y eventos globales que puedan afectar el mercado del oro. Cuanto más sepas, mejor preparado estarás para tomar decisiones informadas y adaptarte a las condiciones cambiantes del mercado.

Finalmente, uno de los secretos más importantes del trading de oro es la paciencia. El oro puede ser volátil en el corto plazo, pero a largo plazo tiende a seguir patrones más predecibles. No te desesperes si tus primeras operaciones no son exitosas o si el mercado no se mueve como esperabas. Aprender a ser paciente y esperar el momento adecuado para entrar y salir del mercado es una de las habilidades más valiosas que puede desarrollar un trader.

En resumen, el éxito en el trading de oro no se trata de descubrir un truco mágico, sino de aplicar una combinación de estrategias inteligentes, control emocional y disciplina. El oro es un activo valioso y versátil, pero también puede ser impredecible. Aprender a leer el mercado, diversificar tus inversiones, controlar tus emociones y estar siempre dispuesto a aprender son los verdaderos secretos para triunfar en el trading de oro.

Cómo Hacerte Rico con el Trading de Oro

Hacerte rico con el trading de oro es un objetivo que muchas personas persiguen, pero como cualquier meta financiera importante, requiere tiempo, esfuerzo y una estrategia bien pensada. Aunque es cierto que el oro puede ser una inversión rentable, no es un camino rápido hacia la riqueza. Para alcanzar este objetivo, es necesario tener un plan, aprender constantemente, y saber cómo aprovechar al máximo las oportunidades que este mercado ofrece. En este capítulo, te explico cómo puedes convertir el trading de oro en una fuente de riqueza, utilizando estrategias claras y sencillas que han funcionado para muchos traders exitosos.

El primer paso para hacerte rico con el trading de oro es entender que se trata de un proceso de aprendizaje continuo. El oro, como cualquier otro activo, fluctúa constantemente en precio, y esas fluctuaciones están influenciadas por una serie de factores que debes aprender a interpretar. No se trata simplemente de comprar oro cuando está barato y venderlo cuando sube, sino de entender por qué sube o baja, y cómo puedes adelantarte a esos movimientos. Esto implica estudiar los mercados financieros, conocer los factores que afectan al oro (como la inflación, las tasas de interés, y la geopolítica) y estar siempre atento a las noticias globales. El oro es un activo muy sensible a los cambios económicos y políticos, y aprender a leer esas señales te dará una gran ventaja.

Uno de los secretos para generar riqueza con el trading de oro es tener una estrategia sólida y seguirla de manera disciplinada. Muchos traders principiantes cometen el error de operar sin un plan, dejándose llevar por el instinto o las emociones. Este enfoque rara vez funciona a largo plazo. Si quieres hacerte rico con el trading de oro, debes establecer reglas claras sobre cuándo comprar, cuándo vender y cuánto estás dispuesto a arriesgar en cada operación. Por ejemplo, una regla común es nunca arriesgar más del 1% o 2% de tu capital en una sola operación. De esta forma, incluso si el mercado se mueve en tu contra, tus pérdidas serán manejables, y podrás seguir operando en el futuro.

La gestión del riesgo es clave para acumular riqueza a través del trading de oro. Incluso los traders más experimentados no ganan en todas las operaciones, pero lo que los diferencia de los que fracasan es cómo manejan sus pérdidas. En lugar de intentar recuperar rápidamente el dinero perdido, los traders exitosos aceptan las pérdidas como parte del proceso y siguen con su estrategia. Una herramienta muy útil para gestionar el riesgo es el uso de órdenes de stop-loss, que cierran automáticamente una operación si el precio del oro cae por debajo de un cierto nivel. Esto te protege de pérdidas excesivas y te permite mantener tu capital para futuras oportunidades.

Otro aspecto importante para hacerte rico con el trading de oro es diversificar tus inversiones. Aunque el oro puede ser una excelente fuente de ingresos, no deberías poner todo tu dinero en este único activo. Diversificar significa invertir en diferentes instrumentos financieros además del oro, como acciones, bonos o bienes raíces, de modo que si un mercado no está funcionando bien, los otros pueden compensar esas pérdidas. Incluso dentro del mercado del oro, hay varias formas de invertir, como comprar oro físico, operar con futuros o invertir en ETFs de oro. Al diversificar tus estrategias dentro del mercado del oro y en otros sectores, puedes reducir el riesgo y aumentar tus posibilidades de generar ganancias sostenibles.

El siguiente paso crucial para hacerte rico con el trading de oro es mantener una mentalidad a largo plazo. Si bien es posible obtener ganancias rápidas en el trading, las verdaderas riquezas se acumulan con el tiempo. Los traders más exitosos no buscan hacerse ricos de la noche a la mañana. En lugar de eso, construyen su fortuna operando de manera constante y disciplinada durante años. Cada operación es parte de un plan más amplio para hacer crecer su capital, y nunca arriesgan todo en una sola jugada. Este enfoque a largo plazo también te permitirá aprovechar las tendencias más amplias del mercado del oro, como los aumentos de precio durante períodos de inflación o crisis económicas.

Para hacerte rico con el trading de oro, también necesitas aprender a ser paciente. Uno de los errores más comunes entre los traders es la impaciencia, el deseo de obtener grandes ganancias rápidamente. Esta mentalidad puede llevar a tomar decisiones impulsivas, como entrar en operaciones cuando el mercado está en su punto más alto o vender demasiado pronto cuando las cosas se ponen difíciles. Si bien es importante estar atento a las oportunidades, la paciencia es clave para esperar los momentos adecuados para actuar. Recuerda que el oro es un activo que tiende a aumentar de valor con el tiempo, y a veces es mejor esperar una corrección o una caída temporal en lugar de apresurarte.

Otro aspecto clave para acumular riqueza con el trading de oro es reinvertir tus ganancias. En lugar de gastar inmediatamente las ganancias que obtienes de una operación exitosa, muchos traders inteligentes reinvierten ese dinero para hacer crecer su capital. Esta estrategia de "capitalización" te permite aprovechar el poder del interés compuesto, lo que significa que cuanto más inviertas, más rápido crecerá tu riqueza con el tiempo. Por ejemplo, si comienzas con un capital inicial de 10,000 dólares y obtienes un rendimiento del 10%, tendrás 11,000 dólares. Si vuelves a invertir esos 11,000 dólares y obtienes otro 10%, tu capital será de 12,100 dólares, y así sucesivamente. Este enfoque de reinvertir tus ganancias puede acelerar enormemente el crecimiento de tu patrimonio.

Una de las ventajas del trading de oro es que puedes comenzar con relativamente poco capital y construir tu riqueza gradualmente. A diferencia de otros mercados, como el de bienes raíces, donde se necesita una inversión inicial considerable, el trading de oro puede realizarse con sumas más pequeñas. Esto te permite comenzar sin un riesgo excesivo, aprender con el tiempo y aumentar tu capital a medida que adquieres más experiencia. Sin embargo, es importante no subestimar la importancia de educarte constantemente. El mundo del trading está en constante cambio, y las estrategias que funcionan hoy podrían no funcionar mañana. Por lo tanto, uno de los pasos más importantes para hacerte rico con el trading de oro es invertir en tu educación, leer libros, tomar cursos, y estar al tanto de las tendencias del mercado.

La tecnología también juega un papel crucial en el éxito del trading de oro. Hoy en día, hay numerosas herramientas y plataformas de trading que te permiten operar de manera eficiente y tomar decisiones basadas en datos precisos. Desde gráficos avanzados hasta análisis en tiempo real, las plataformas de trading modernas te brindan todo lo que necesitas para analizar el mercado y ejecutar tus operaciones de manera efectiva. Aprovechar estas herramientas tecnológicas puede marcar la diferencia entre el éxito y el fracaso en el trading de oro. Además, el uso de aplicaciones móviles y sistemas automatizados te permite realizar operaciones incluso cuando no estás frente a una computadora, lo que te da una ventaja en un mercado que opera las 24 horas del día.

Un aspecto que no debes pasar por alto si quieres hacerte rico con el trading de oro es estar atento a las señales de los bancos centrales. Los bancos centrales son actores clave en el mercado del oro, ya que sus decisiones sobre las tasas de interés, las reservas de oro y la política monetaria pueden tener un impacto significativo en el precio del oro. Cuando los bancos centrales aumentan las tasas de interés, el precio del oro tiende a bajar, ya que los inversores prefieren activos que generen rendimientos más altos. Por otro lado, cuando los bancos centrales bajan las tasas o compran grandes cantidades de oro, el precio tiende a subir. Estar al tanto de estos movimientos te dará una ventaja a la hora de decidir cuándo entrar o salir del mercado.

Finalmente, para hacerte rico con el trading de oro, debes aprender a ser resiliente. El trading no es un camino fácil ni libre de obstáculos. Habrá momentos en los que el mercado no se moverá a tu favor, y enfrentarás pérdidas. Sin embargo, los traders exitosos saben cómo sobrellevar estos desafíos y seguir adelante. No se dejan desanimar por los contratiempos y, en lugar de eso, los ven como oportunidades de aprendizaje. Cada error es una lección, y cada pérdida es una oportunidad para mejorar tus habilidades. La clave está en no rendirte, mantener la disciplina y seguir trabajando en tu estrategia hasta que veas resultados.

En resumen, hacerte rico con el trading de oro no es una tarea fácil, pero con las estrategias correctas, la disciplina adecuada y un enfoque a largo plazo, es completamente posible. Aprende todo lo que puedas sobre el mercado, establece un plan sólido, controla tus emociones y sé paciente. Si sigues estos principios, estarás en el camino correcto para alcanzar el éxito financiero a través del trading de oro.